Couscous
& Tajines

Catherine Schiellein

Couscous & Tajines

Vegetarischer Genuss aus Nordafrika

Aus dem Französischen von Elisabeth Liebl

HANS-NIETSCH-VERLAG

Ein herzliches Dankeschön an Kenza Assebab
für ihre Tipps und ihre Freundschaft!

Couscous, Tajines und die zugehörigen Salate aus Tunesien, Algerien und Marokko haben längst ihren Siegeszug durch Europa angetreten. Nicht ohne Grund ... Eine Couscous-Mahlzeit ist ja nicht nur gesund, weil sie aus leckerem Getreide und viel Gemüse besteht, sie versammelt auch Freunde und Familie um einen Tisch. Beim Couscous schwelgt man nicht nur im Duft der Gewürze, sondern ist immer von Lachen und Freude begleitet.

Die farbenfrohe Küche Nordafrikas ist sowohl Augen- als auch Gaumenschmaus und dabei noch ungeheuer vielseitig. Sie können Couscous und Tajines als Vorspeise, als Hauptgericht oder als Beilage reichen. Mit ihren unendlichen Variationen zaubern sie auf jede Tafel ein gesundes und ausgewogenes Mahl.

Couscous kommt ursprünglich aus der Küche der Berbervölker und verbreitete sich rasch in ganz Nordafrika als festliche Speise. Dabei bezeichnet der Begriff „Couscous" sowohl das Getreide als auch das ganze Gericht mit Gemüse, Sauce und allem Drum und Dran. Nicht selten allerdings wird Couscous ohne Sauce serviert. In der traditionellen Küche Nordafrikas wird Couscous nur selten ohne Fleisch gegessen. Die wenigen vegetarischen Rezepte sind allerdings immer ein Gedicht, wird der Couscous doch niemals ohne Gewürze gereicht. Mit einem Päckchen Couscous im Vorratsschrank müssen Sie Überraschungsgäste nicht länger fürchten!

Was die Tajine angeht, so ist sie typisch für die marokkanische Küche. Der Begriff „Tajine" meint sowohl den charakteristischen Schmortopf aus Terrakotta wie auch seinen Inhalt: gedämpftes Gemüse mit Gewürzen und mehr oder weniger Fleisch oder Fisch, je nach Geldbeutel. Es gibt eine Vielzahl traditioneller Rezepte, die ohne Fleisch und andere tierische Zutaten auskommen. Sie bildeten die Grundlage der täglichen Ernährung, auch wenn sie zu festlichen Anlässen mit Fleisch angereichert wurden.

Um besonders leckere, gesunde und aromatische Speisen zuzubereiten, sollten Sie all ihre Zutaten frisch und in Bio-Qualität einkaufen!

Inhalt

Gewürze
Die Geheimnisse des Orients

Gewürze nehmen in der Küche Nordafrikas und des Nahen Ostens eine zentrale Rolle ein. Ihre Aromen und ihre mitunter scharfe Würze sind das Markenzeichen dieser Gerichte, die uns in das Reich von Tausendundeiner Nacht entführen.

Würzmischungen

Tajines und Couscous sind ohne bestimmte Würzmischungen, die auf die mitunter langen Garzeiten abgestimmt sind, gar nicht denkbar. **Wenn nicht anders erwähnt,** gehen wir davon aus, dass in den Rezepten **1 gestrichener Ess- bzw. Teelöffel** verwendet wird.

Quatre-épices
Diese französische Gewürzmischung können Sie selbst zusammenstellen: Nehmen Sie 7 Teelöffel gemahlenen schwarzen Pfeffer, 3 Teelöffel gemahlene Muskatnuss, 2 Teelöffel gemahlene Gewürznelken, 1 gute Prise Ingwerpulver oder 1 Teelöffel Zimt.

Ras el-Hanout
Diese Würzmischung ist aus der Küche Marokkos nicht wegzudenken. Jeder Gewürzhändler, der etwas auf sich hält, hat seine eigene Melange. Tatsächlich heißt *Ras el-Hanout* „Chef des Ladens", weil dieser die Mischung selbst zubereitete. Einfachere Arten bestehen aus bis zu fünf Gewürzen, speziellere aus bis zu vierzig. Rotes Ras el-Hanout ist gewöhnlich schärfer als gelbes, das mehr Kurkuma enthält. Sie finden dieses Couscous-Gewürz in gut sortierten Gewürzhandlungen oder Feinkostgeschäften.

Man verwendet die Würzmischung allein oder zusammen mit anderen Gewürzen, selbst wenn diese schon in der Mischung enthalten sind, um deren Aroma ganz besonders hervorzuheben. Je nach Gericht können Sie Ihre Gewürzmischung aber auch selbst zusammenstellen.

Für ein hausgemachtes Ras el-Hanout: Je 1 Teelöffel gemahlenen Kreuzkümmel, Koriander und schwarzen Pfeffer mit je ½ Teelöffel gemahlenem Kardamom, Kurkuma und edelsüßem Paprika und je ¼ Teelöffel gemahlenem Ingwer, Muskatnuss und Zimt vermischen.

Safran
Safranfäden sind besser als gemahlener Safran. Die Fäden müssen mindestens 12 Stunden eingeweicht werden, damit sie ihr Aroma entfalten können. Wenn Sie nicht so viel Zeit

eingeplant haben, verwenden Sie gemahlenen Safran: Für 4 Personen brauchen Sie etwa 2 bis 3 Döschen à 0,1 Gramm.

Tabil

Diese Mischung aus Knoblauch, getrockneten Zwiebeln, Chili, Koriander und Kümmel ist in der Küche Algeriens und Tunesiens zu Hause. Ich vermenge immer zuerst Korianderkörner und Kümmelsamen miteinander, um sie dann in der Pfanne kurz anzurösten, was das Aroma verstärkt. Dann gebe ich je nach Rezept frischen Knoblauch oder Zwiebeln hinzu und menge ein wenig Kreuzkümmel und edelsüßes Paprikapulver darunter, manchmal auch noch 1 Prise Chili.

Für ein hausgemachtes Tabil: 2 Esslöffel Korianderkörner und 1 Esslöffel Kümmelsamen in einer kleinen Pfanne kurz anrösten, dabei ständig umrühren. Sobald die Gewürze zu duften beginnen, vom Herd nehmen, abgekühlt in eine Gewürzmühle (ersatzweise eine Kaffeemühle) geben und mahlen. Dieses Pulver in einem dunklen, gut verschlossenen Glas aufbewahren. Hält sich etwa 4 Wochen, danach verliert es schnell an Aroma.

Saucen und Marinaden

Chermoula

Eigentlich ist Chermoula eine Marinade für Fisch, aber diese würzige Sauce passt auch zu den Gemüsespießchen (Seite 38) oder den Couscous-Bratlingen (Seite 42). Für gebratenes oder gegrilltes Gemüse oder für einen warmen Gemüsesalat aus Pellkartoffeln, Karotten und gekochten und geschälten Zuckererbsen kann sie ebenfalls verwendet werden. Oder Sie geben auf Ihre fertig gegarte Gemüse-Tajine vor dem Servieren ein paar Löffel Chermoula. Im Kühlschrank hält sich die Sauce 1 bis 2 Tage.

Für eine hausgemachte Chermoula: 1 Bund frisches Koriandergrün • 2 fein gehackte Knoblauchzehen • 1 TL gemahlener Kreuzkümmel • 1 TL Paprikapulver, edelsüß • ½ TL gemahlener Ingwer • 1 Prise Chilipulver • Saft von 1 Zitrone • 4 EL Olivenöl

Alle Gewürze mit Knoblauch und Zitronensaft vermengen. Mit dem Öl übergießen.

Harissa

Hausgemachte Harissasauce ist viel würziger als gekaufte. Weiß man nicht, wie scharf die Gäste es mögen, serviert man sie am besten in einem Schälchen separat. Wenn es aber brennen darf, nehmen Sie Espelette-Chili.

Für eine hausgemachte Harissa: 12 getrocknete Chilischoten (etwa 80 g) • 2 TL Koriander- körner • 2 TL Kümmelsamen • 2 TL Kreuzkümmelsamen • 4 Knoblauchzehen • 1 TL Meersalz • 4 EL Olivenöl

Verarbeiten Sie die Chilischoten mit Handschuhen. Die Stiele der Chilis abschneiden, die Schoten mit der Schere öffnen und die Samen entfernen. Die Schoten in einer Schüssel mit kochendem Wasser übergießen und 1 Stunde ziehen lassen.

In der Zwischenzeit die Gewürze in einer kleinen Pfanne anrösten, bis sie duften. Abkühlen lassen, in eine Gewürzmühle geben und zu feinem Pulver mahlen.

Chilischoten aus dem Wasser nehmen, fein hacken und mit Gewürzen sowie fein gehacktem Knoblauch vermengen. Salzen und mit Öl übergießen. Gut vermischen. Die Sauce in ein sterilisiertes Glas geben, ein wenig Öl darübergießen, bis die Harissa bedeckt ist, und im Kühlschrank aufbewahren. Hält sich etwa 1 Monat.

Buttermilch, Dickmilch, Joghurt

Couscous serviert man meist mit einer Schale *Ben* (Buttermilch) oder *Rayeb* (Dickmilch). Das Original finden Sie unter der Bezeichnung *Lben, Leben* oder *Laban* in orientalischen Läden. Es wird mit einem anderen Ferment hergestellt als Joghurt, doch ist Letzterer gewöhnlich ein guter Ersatz, ob er nun aus Kuh- bzw. Ziegenmilch oder gar Sojamilch gemacht wurde.

Selbst gemachte Joghurtsauce: 300 g griechischer Joghurt (oder Sojajoghurt) •
1 fein gehackte Knoblauchzehe • 2 EL Sesammus (Tahin) • Saft von 1 Zitrone

Alle Zutaten gut vermengen. Wenn die Sauce zu dickflüssig wird, etwas kaltes Wasser dazugeben. Mit Salz und Zitronensaft würzen. Diese Sauce hält sich im Kühlschrank 2 bis 3 Tage.

Mit Gewürzen/Kräutern: Statt Tahin 1 Teelöffel gemahlenen Kreuzkümmel und 1 Teelöffel Tabil bzw. gehackte Kräuter (Minze, Petersilie oder Koriandergrün, Dill oder Schnittlauch) untermengen.
Harissa-Joghurt: Ein wenig Harissa unter den Joghurt ziehen.
Chermoula-Joghurt: 2 oder 3 Esslöffel Chermoula unter den Joghurt ziehen.

Eingelegte Salzzitronen

Ohne diese aromatische Zutat kommt fast keine Tajine aus. In orientalischen Läden können Sie sie fertig kaufen.

Selbst gemachte Salzzitronen: 2 Einweckgläser 10 Minuten in kochend heißes Wasser tauchen und dann auf einem Tuch trocknen lassen oder zum Sterilisieren 15 Minuten bei 115 °C in den Backofen stellen.

12 kleine Bio-Zitronen abbürsten. Von oben kreuzweise tief einschneiden und in die Schlitze so viel grobes Meersalz wie möglich drücken. Je 6 Zitronen in 1 Glas geben. Mit je ½ Liter kochendem Wasser aufgießen, je 1 Esslöffel Meersalz ins Glas geben und gut verschließen. 3 Wochen an einem lichtgeschützten Ort ziehen lassen. Dabei die Gläser des Öfteren umdrehen. Die eingelegten Zitronen halten sich mehrere Monate. Vor der Verwendung unter kaltem Wasser abspülen. **Normalerweise verwendet man nur die Schale, denn das Fleisch ist sehr salzig und bitter.**

Karottensalat
mit Orangen und
Pistazien

Ein Klassiker der marokkanischen Küche, hier mit grünen, knackigen Pistazien garniert. Kaufen Sie auf jeden Fall ungesalzene und ungeröstete Nüsse im Ganzen, je grüner, desto besser. Sie können sie dann selbst mit dem Hackmesser zerkleinern.

• • • • • • •
• • • • • • •

Für 4 bis 6 Personen

**600 g Karotten • 4 EL Rosinen (wenn möglich Korinthen) • 1 TL Meersalz •
120 ml frisch gepresster Orangensaft • 1 EL grob gehackte Pistazien**

Die Karotten raspeln, Rosinen, Meersalz und Orangensaft dazugeben und alles gut miteinander vermengen. Etwa 1 Stunde kühl stellen, damit die Rosinen den Saft aufnehmen können.

Vor dem Servieren den überschüssigen Saft abgießen. Mit den gehackten Pistazien bestreut servieren.

So geht's auch: Sie können den Salat mit kleinen Orangenstückchen anreichern oder die Karotten durch geschälte und geraspelte Rote Bete (roh) ersetzen. Lassen Sie dann die Rosinen weg, denn die Rote Bete ist an sich schon süß genug. Sie können auch fein gehackte Petersilie, Minze oder Koriandergrün dazugeben. Heben Sie das Aroma noch stärker hervor, indem Sie 1 Esslöffel Orangenwasser hinzufügen oder die fein geriebene Schale von 1 Bio-Orange.

H'miss-
Salat nach Berber-Art
mit Paprika und Tomaten

H'miss finden Sie in ganz Algerien in den verschiedensten Variationen –
mit und ohne Knoblauch und Chilischoten.

Für 4 bis 6 Personen

1 kg rote und grüne Paprikaschoten • 800 g reife Fleischtomaten •
4 Knoblauchzehen • 1 TL gemahlener Kreuzkümmel •
1 TL Paprikapulver, edelsüß (und nach Geschmack 1 Prise Chilipulver) •
1–2 TL Meersalz • Olivenöl • einige schwarze oder violette Oliven

Die Paprikaschoten im Backofen oder auf dem offenen Grill grillen. Wenn sie schwarz werden, umdrehen. Wenn sie auf allen Seiten schwarz sind und Blasen werfen, vom Grill nehmen, in einen luftdicht verschließbaren Topf geben und darin abkühlen lassen.

In der Zwischenzeit die Tomaten häuten, dafür ein paar Sekunden in kochendes Wasser tauchen. Schale abziehen, von Samen und Pulpe befreien und das Fleisch in Würfel schneiden.

In einer tiefen Pfanne 2 Esslöffel Olivenöl erhitzen und die gehackten Knoblauchzehen darin anbraten. Wenn sie goldbraun werden, die Tomaten mit Kreuzkümmel und Paprika dazugeben. Salzen und köcheln lassen, bis alle Flüssigkeit verdampft ist. Gelegentlich umrühren.

Die abgekühlten Paprikaschoten von Haut und Kernen befreien (keinesfalls unter dem Wasserhahn abspülen!), Paprikaschoten in kleine Stücke schneiden und in die Pfanne geben. Gut unterrühren und erneut die Flüssigkeit verdampfen lassen.

Den Inhalt der Pfanne auf einen großen Servierteller geben. Mit Salz und Gewürzen abschmecken. Großzügig mit Olivenöl begießen und mit Oliven bestreuen. Noch lauwarm servieren. Noch besser ist es, wenn Sie das Gericht 1 Tag ziehen lassen, dann entwickelt sich das Aroma besser. In diesem Fall kalt stellen und 1 Stunde vor dem Servieren aus dem Kühlschrank nehmen.

Leckere Resteverwertung: Eine Scheibe getoastetes Brot mit 1 Knoblauchzehe einreiben und mit 1 bis 2 Esslöffel H'miss servieren – ein wahrer Gaumenschmaus! Mit etwas Chili „verschärft" ergibt H'miss eine köstliche Beigabe zu vielerlei Gerichten.

Gersten-Couscous
mit Sommergemüse

Das ist sozusagen die marokkanische Version des Tabouleh. Gersten-Couscous schmeckt intensiver als Weizen-Couscous. Man bekommt ihn im Feinkosthandel.

Für 4 bis 6 Personen

300 g Gersten-Couscous (ersatzweise Weizen-Couscous) • 1 kleine, feste Bauerngurke •
1 mittelgroße und feste gelbe Zucchini • 1 rote Paprikaschote • 1 grüne Paprikaschote •
300 g Fleischtomaten • 1 rote Zwiebel • 1 Knoblauchzehe • 4 EL Olivenöl •
Saft von 1 Zitrone • 1 Bund Petersilie • 4 Zweige Minze • einige Oliven •
Meersalz und Pfeffer

Den Couscous mit 350 Milliliter leicht gesalzenem warmem Wasser aufgießen und ziehen lassen. Mit einem Holzlöffel lockern und 20 Minuten in einem geölten Couscous-Topf (siehe Seite 72) oder im Dampftopfeinsatz (ausgelegt mit Butterbrotpapier, in das Sie mit der Gabel einige Löcher gestochen haben) über sprudelndem Wasser garen. In eine große Servierschüssel geben und abkühlen lassen. Weizen-Couscous nach Wahl zubereiten (siehe Seite 24 ff.).

In der Zwischenzeit Gemüse in kleine Würfel schneiden, Zwiebel und Knoblauch fein hacken. Zucchini, Gurke, Paprika und Tomaten (ungeschält) von Kernen befreien. Dazu die Tomaten halbieren, mit der Schnittfläche auf ein Brett legen und darauf drücken.

Gemüse unter den lauwarmen Couscous ziehen, mit Öl, Zitronensaft, Salz und Pfeffer abschmecken. Petersilie und Minze fein hacken und unterziehen.

1 Stunde lang bei Zimmertemperatur ziehen lassen, dann mit Oliven dekorieren und zu Tisch bringen.

So geht's auch: Ziehen Sie geröstete Mandeln oder Pinienkerne unter. Im Frühling passen auch Kirschtomaten, Radieschen oder andere Frühlingsgemüse gut dazu (Karotten, Teltower Rübchen, frische Erbsen, Zuckerschoten, Baby-Artischocken etc. – knackig gedünstet). Und im Herbst schmecken darin saure Äpfel, frische Trauben, Rosinen und Haselnüsse lecker. Verwenden Sie immer viele frische Kräuter: Schnittlauch, Kerbel, Dill, Kresse und natürlich Koriandergrün.

SALAT

mit Blumenkohl und Paprika

Die frischen Farben dieses Salates sind ein Gedicht für die Augen. Verwenden Sie nach Möglichkeit lange, spitze rote Paprikaschoten, da diese eine dünnere Haut und ein feineres Aroma besitzen und folglich leichter zu verdauen sind. Auch bei der Zwiebel sollten Sie die längliche, mildere Form bevorzugen.

Für 4 bis 6 Personen

300 g Blumenkohlröschen • 2 längliche Paprikaschoten (oder 1 normale rote Paprika) • 1 längliche rote Zwiebel • 1 Handvoll schwarze Oliven ohne Kern • ½ Salzzitrone • Saft von 1 frischen Zitrone • 2 EL Olivenöl • ½ TL gemahlener Kreuzkümmel • Meersalz und Pfeffer • ein paar Blättchen glatte Petersilie und frische Minze

Die Blumenkohlröschen waschen und mit dem Gemüsehobel oder einem scharfen Messer in feine Scheiben schneiden. Paprikaschoten waschen, von Kernen befreien und in feine Streifen schneiden. Zwiebel und Oliven in feine Ringe, die Schale der Salzzitrone in sehr kleine Würfel schneiden.

Alles auf einen Servierteller geben, mit Zitronensaft und Olivenöl beträufeln. Mit Kreuzkümmel, Meersalz und Pfeffer abschmecken. Petersilie und Minze fein hacken. Zum Garnieren ein wenig davon beiseitestellen und den Rest unter den Salat mischen. Gut durchmengen und 1 bis 2 Stunden ziehen lassen.

Vor dem Servieren mit den restlichen Kräutern bestreuen.

So geht's auch: Nahrhafter wird der Salat, wenn Sie 1 Tasse gekochte Kichererbsen untermischen oder ihn mit ein paar geviertelten hart gekochten Eiern belegen. Wenn Sie die angegebenen Mengen erhöhen, eignet sich dieser Salat auch als schönes Mittagessen.

Kemia aus Kartoffeln und Kräutern

Eine Vorspeise, die den Gaumen erfreut und den Magen auf die Hauptspeise vorbereitet.

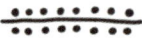

Für 4 bis 6 Personen

**750 g festkochende Kartoffeln • 2 EL Zitronensaft • 3 EL Olivenöl •
2 TL hausgemachte Harissa (Seite 7 f.) oder 1 TL Harissa aus der Dose • 1 TL gemahlener
Kreuzkümmel • 1 TL Ras el-Hanout (Seite 6) • ½ Bund Koriandergrün • Meersalz**

Die Kartoffeln weich kochen (sie dürfen nicht auseinanderfallen). Ein paar Minuten abkühlen lassen, dann pellen und halbieren. Große Kartoffeln vierteln. In einer Salatschüssel Zitronensaft, Olivenöl, Harissa und Gewürze gut verrühren. Die noch warmen Kartoffeln hineingeben, salzen und gut mit der Sauce vermengen. Abkühlen lassen.
   Den gehackten Koriander erst zum Schluss dazugeben und das Kemia kühl servieren.

Würziger Salat aus gekochten Karotten

Gekochte Karotten beruhigen den Magen, der gerade im Sommer von der vielen Rohkost manchmal ein wenig „aufgewühlt" erscheint. Frische Kräuter geben einen Vitaminschub.

Für 4 bis 6 Personen

**750 g junge Karotten, in Scheiben geschnitten • 4 ganze Knoblauchzehen •
1 Handvoll Rosinen (wahlweise) • ein paar Stiele Koriandergrün und Petersilie • Meersalz**

**Vinaigrette: 1 EL Zitronensaft • 4 EL Olivenöl • 1 Knoblauchzehe, durch eine
Knoblauchpresse gedrückt • ½ TL gemahlener Kreuzkümmel • ½ TL Tabil (Seite 7)**

Die Karotten mit den Knoblauchzehen in kaltem Wasser in einer Kasserolle aufsetzen und aufkochen. Salzen und 10 Minuten auf kleiner Flamme köcheln lassen.
   Vinaigrette: Alle Zutaten gut verrühren.
   Die noch bissfesten Karotten abgießen, Knoblauch entfernen, Rosinen dazugeben und Vinaigrette unterziehen. Den Salat gut vermischt 1 bis 2 Stunden ziehen lassen.
   Zum Schluss die gehackten Kräuter untermischen. Lauwarm servieren.

AJLOUK

aus Zucchini

Ajlouk ist eine typisch tunesische Vorspeise. Üblicherweise isst man sie, indem man Fladenbrot eintaucht. Manchmal wird sie auch als Beilage gereicht. Da Ajlouk (hier aus Zucchini) immer streichfähig ist, kann man sie auch mit Toast oder Crackern reichen.

* * *

Für 4 bis 6 Personen

500 g Zucchini 1 große Knoblauchzehe • Saft von 1 Zitrone • 2 EL Olivenöl • 1 TL Tabil (Seite 7 f.) • 1 Messerspitze hausgemachte Harissa (Seite 7) oder Chilipulver (wahlweise) • Meersalz und Pfeffer • einige Minzeblättchen

Die Zucchini mit der Gemüsebürste säubern und in Scheiben schneiden. Dämpfen, bis sie gerade noch bissfest sind. In ein Sieb abgießen, danach mit dem Löffel darauf drücken, um so viel Flüssigkeit wie möglich herauszupressen. Dann mit einem großen Messer fein hacken oder mit der Gabel zerdrücken.

Knoblauch durch die Knoblauchpresse drücken und mit Olivenöl, Zitronensaft, Tabil und Harissa (bzw. Chili) zur Zucchinimasse geben. Mit Salz und Pfeffer abschmecken.

Abkühlen lassen, mit fein gehackten Minzeblättchen bestreut servieren.

So geht's auch: Sie können die Zucchini wahlweise durch Auberginen, Karotten oder Kürbis ersetzen. Separat natürlich. Garen Sie die Karotten aber nicht zu lange, sonst werden sie zu weich. Pürieren Sie sie danach im Mixer.

Ajlouk aus Zucchini oder Auberginen lässt sich mit ein wenig gegrillter Paprika (siehe dazu H'miss, Seite 11) verfeinern.

SALAT

aus Tomaten und Kichererbsen

Als Vorspeise oder Beilage gereicht, schenkt Ihnen dieser Salat eine schöne Portion
Proteine, die in der fleischlosen Küche manchmal etwas zu kurz kommen.

Für 4 bis 6 Personen

250 g Tomaten • 1 kleine rote Zwiebel • 2 Knoblauchzehen •
400 g gekochte Kichererbsen • ½ TL gemahlener Kreuzkümmel •
½ TL gemahlener Pfeffer • 2 EL Olivenöl • 2 EL Zitronensaft • 1 Handvoll
frische Kräuter (Minze, Koriandergrün, Petersilie), fein gehackt • Meersalz

Tomaten in kleine Würfel schneiden. Die Zwiebel ebenfalls. Die Knoblauchzehen durch eine
Knoblauchpresse drücken.

Die Kichererbsen in eine Salatschüssel geben. Leichter verdaulich sind sie, wenn Sie die
weißen Häutchen entfernen. Wenn Sie Kichererbsen aus Glas oder Dose verwenden: Bitte
vorher unter fließendem Wasser abspülen.

Alle anderen Zutaten hinzufügen, salzen (nicht zu viel) und gut vermengen.

Etwa 10 Minuten ziehen lassen und servieren.

So geht's auch: Fügen Sie eine gegrillte, klein geschnittene Paprikaschote hinzu (siehe
dazu H'miss, Seite 11) oder ersetzen Sie die Kichererbsen durch gekochte Linsen bzw.
Schwarzaugenbohnen. Oder nehmen Sie statt der Tomaten 300 Gramm gedünsteten und
abgegossenen, grob gehackten Blattspinat.

Salat aus gebratenen Auberginen und Pinienkernen

Wenn Sie Pinienkerne aus dem Mittelmeerraum finden (lang und spitz), greifen Sie zu: Sie sind vielleicht ein wenig teurer, schmecken aber viel intensiver als die dickeren Kerne aus China. (Von Sinn und Unsinn von Flugware einmal ganz zu schweigen ...)

•••••••••
••••••••

Für 4 bis 6 Personen

800 g Auberginen • 4 große Knoblauchzehen • 2 EL Olivenöl • 1 gute Prise gemahlener Kreuzkümmel • 1 EL Pinienkerne • 1 EL Essig nach Wahl • 1 Handvoll frische Korianderblätter • 1 EL Kapern • Meersalz

Schälen Sie die Auberginen nicht, da sonst die antioxidativen Bestandteile verloren gehen. Mit der Haut in 2 bis 3 Zentimeter große Würfel schneiden. Mit feinem Meersalz bestreuen und in einem Sieb mit einem Gewicht beschwert 1 Stunde ziehen lassen, damit sie möglichst viel Wasser verlieren. Danach die Würfel unter fließendem Wasser abspülen und trocken tupfen. So vorbereitet nehmen die Auberginen weniger Fett auf.

Knoblauchzehen fein hacken. Die Auberginenwürfel in einer großen Pfanne in sehr heißem Olivenöl scharf anbraten. Wenn Sie sie nicht entwässert haben, jetzt salzen. Immer wieder umdrehen. Wenn Sie am Pfannenboden kleben bleiben, mehr Olivenöl dazugeben. Nach 10 Minuten sollten sie schön weich und goldgelb sein. Erst jetzt geben Sie Knoblauch und Kreuzkümmel zu. Noch zwei Minuten durchgaren, dann zum Abkühlen beiseitestellen.

In der Zwischenzeit in einer beschichteten Pfanne die Pinienkerne ohne Fett rösten: Achten Sie darauf, dass die Kerne sich nicht übereinanderschieben. Statt umzurühren, heben Sie die Pfanne an und schütteln sie ein wenig, sodass die Kerne springen. Wenn sie zu duften beginnen, vom Herd nehmen.

Auberginen auf die Servierplatte geben. Mit Essig, fein gehacktem Koriandergrün und abgespülten Kapern vermengen. Etwa 10 Minuten ziehen lassen.

Falls nötig nochmal abschmecken. Mit Pinienkernen bestreut servieren.

So geht's auch: Ersetzen Sie das Koriandergrün durch frische Minze oder glatte Petersilie, die Pinienkerne durch Mandeln oder Pistazien. In Tunesien würzt man auch gern mit ein wenig Chili, aber das bleibt denen überlassen, die es scharf lieben.

Couscous-
Gerichte

Couscous
zubereiten

Couscous ist nicht gleich Couscous

Am häufigsten wird „mittlerer" Couscous aus Weizen verwendet. Da der Couscous, den Sie bei uns kaufen können, meist vorgekocht ist, ist das Gericht schnell zubereitet und schmeckt trotzdem wunderbar. Es gibt aber auch wesentlich feinkörnigeren Couscous, den man für Süßspeisen oder Gerichte ohne Sauce verwendet. Hier muss man bei der Zubereitung schon mehr achtgeben. Meine Freundin Kenza, die aus dem Süden Marokkos stammt, verwendet gewöhnlich eine 50:50-Mischung aus fein- und mittelkörnigen Sorten, die sie dann über Dampf gart. Das ergibt ein ausgesprochen leichtes Gericht.

Gersten-Couscous ist weniger üblich, obwohl man ihn in Nordafrika gern isst. Er ist etwas dunkler als Weizen-Couscous und schmeckt auch deutlich intensiver. Daher passt er besonders gut zu den würzigen „roten" Saucen, zum Beispiel mit Tomaten. Buchweizen-Couscous ist eine Spezialität der Berbervölker und hat einen starken Eigengeschmack. Er enthält kein Gluten.

Für welche Sorte Sie sich auch entscheiden, Sie sollten Couscous auf jeden Fall über Dampf garen, denn nur so wird er luftig leicht und intensiv duftend und nimmt dabei die Aromen des darunter gegarten Gerichts auf. Haben Sie dagegen wenig Zeit oder wollen sich aus einem anderen Grund das Leben erleichtern, dann gibt es Schnellgar-Methoden, die auch gute Ergebnisse liefern.

Die angegebenen Portionen sind für 4 Personen gedacht. Rechnen Sie mit etwa 80 bis 100 Gramm Couscous pro Person, um das Rezept an die Zahl Ihrer Gäste anzupassen.

Für 4 Personen

**350 g mittelkörniger Couscous • 2 EL Olivenöl • 1 TL Meersalz • ½ EL Butter
oder 1 EL Arganöl • 1 Messerspitze Zimt (wahlweise)**

Die traditionelle Dampfgarmethode

Ein Fleischragout bleibt lange auf dem Herd. Es fällt also nicht weiter schwer, in seinem Dampf Couscous in mehreren Durchgängen zu garen. Gemüsegerichte hingegen sind wesentlich schneller fertig, daher ist es gar nicht so einfach, in dieser kurzen Zeit den Couscous im Dampf zuzubereiten. Man kann allerdings auch die ersten beiden Durchgänge über heißem Wasser machen und erst den dritten über dem Gemüsegericht. Natürlich lassen sich auch alle drei Durchgänge nur über Wasser garen, was bei Couscous ohne Sauce (*Mesfouf*) auch nötig ist. Aber vergessen Sie nicht, das Wasser entsprechend zu „parfümieren": mit Lorbeer, Thymian, Zimtstangen, Korianderkörnern, Kreuzkümmel etc. Das Aroma der Gewürze erfüllt bald die ganze Küche – und natürlich die Couscouskörner.

Setzen Sie in einem Couscous-Topf oder Dampfgarer (siehe Seite 72) zunächst Flüssigkeit auf (ein Ragout oder einfach nur Wasser). Geben Sie dann den Couscous in einen großen und tiefen Servierteller und füllen Sie 250 Milliliter lauwarmes Wasser in eine Tasse. Mit Ihren Fingerspitzen besprengen Sie damit den Couscous und reiben die Körnchen dann locker zwischen den Handflächen. So lange, bis das Wasser aufgebraucht ist und der Couscous keine Klümpchen mehr aufweist. Einige Minuten ruhen lassen. Dabei saugt sich das Getreide voll. Geben Sie dann das Olivenöl darüber und reiben Sie die Körnchen zwischen den Fingerspitzen, bis die Körnchen mit Öl überzogen sind.

Danach geben Sie den Couscous in den Dämpfeinsatz über das köchelnde Wasser bzw. Ragout. Sobald Dampf über den Körnchen zu sehen ist, lassen Sie ihn auf kleiner Flamme ungefähr 20 Minuten garen. Dann geben Sie den zusammenklebenden Couscous wieder in die Servierschale zurück. Zerdrücken Sie die Klumpen zuerst mit einem Holzlöffel, um die Körner dann mit der Gabel oder dem Schneebesen aufzulockern. Besprengen Sie sie dabei mit lauwarmem Salzwasser. Rechnen Sie auf 350 Gramm Couscous etwa 350 Milliliter Wasser und 1 Teelöffel Salz. Sie können das Wasser auch durch Gemüsebrühe ersetzen. Sobald das Getreide abgekühlt ist, arbeiten Sie es wieder mit den Fingern durch. Erneut 5 Minuten quellen lassen.

Den Couscous zurück in den Dämpfeinsatz geben. Wenn der Dampf die Getreideschicht durchdringt, den Einsatz herausnehmen und das Getreide wieder auf den Servierteller schütten. Scheint es Ihnen nicht weich genug, besprengen Sie es erneut mit Wasser und geben es ein drittes Mal in den Dämpfeinsatz. Ist der Couscous weich genug, fahren Sie fort: Geben Sie Butter oder Arganöl und eventuell eine Messerspitze Zimt hinzu, lockern Sie die Körnchen noch einmal auf, sodass keine Klümpchen bleiben.

Servieren Sie den Couscous dampfend heiß. Häufen Sie ihn kegelförmig auf einen Servierteller und drapieren Sie die Beilagen darauf oder darum herum.

Müssen Sie das Getreide aufwärmen, geben Sie es erneut in den Dampfgarer und lassen Sie es bis zum Servieren darin. Oder stellen Sie es, mit befeuchtetem Kochpergament bedeckt, bei 180 °C in den Ofen. Dann ist es innerhalb von 15 Minuten schön heiß.

Wenn es schnell gehen soll

In der Kasserolle

Kochen Sie 400 Milliliter gesalzenes Wasser in einer Kasserolle mit dickem Boden auf. Wählen Sie den Topf so groß, dass der ganze Couscous auch im aufgequollenen Zustand darin Platz hat. Nach dem Aufkochen vom Herd nehmen, Olivenöl dazugeben, dann erst das Getreide einrühren. Gut durchmengen, einen Deckel aufsetzen und 5 Minuten ziehen lassen. Butter und Zimt hinzufügen, dann mit der Gabel lockern. Wenn nötig, verbliebene Klümpchen mit den Fingern verreiben. Den abgekühlten Couscous nochmals in der Kasserolle erwärmen, sodass Sie das Getreide heiß servieren können.

Im Backofen

Den Couscous in eine große ofenfeste Auflaufform mit Deckel geben. Mit 400 Millilitern heißem, gesalzenem Wasser übergießen. Gut vermengen und den Deckel aufsetzen. 10 Minuten quellen lassen. Den Couscous mit der Gabel auflockern. Das Öl dazugeben und mit den Händen einmassieren, bis alle Klümpchen beseitigt sind. Butterflöckchen auf dem Getreide verteilen und das Ganze mit Kochpergament abdecken. Kochpergament mit Wasser besprengen, dann die Auflaufform in den auf 180 °C vorgeheizten Backofen schieben. Nach etwa 15 Minuten können Sie den Couscous servieren. Wenn Sie ihn länger warm halten wollen, ist dies auf niedrigster Hitze problemlos möglich. Vor dem Servieren wahlweise den Zimt dazugeben, das Getreide mit der Gabel auflockern und auf einer großen Platte servieren.

Öle, Smen und Butter

Natürlich ist es von entscheidender Bedeutung, welches Fett Sie für Ihren Couscous verwenden. In Marokko liebt man *Smen*, gewürztes Butterschmalz, das man „reifen" lässt. Doch dessen säuerlicher Geschmack ist sehr intensiv. Wenn Sie es mögen, ersetzen Sie das Öl ganz oder teilweise damit. Wenn nicht, sind Oliven- und Arganöl oder frische Butter eine gute Alternative.

Sie finden *Smen* in gut sortierten Feinkostgeschäften oder in orientalischen Läden.

Couscous
ohne Sauce

Mit Hülsenfrüchten, Gewürzen oder Trockenfrüchten kann Ihr Couscous als Grundlage eines Gemüsegerichts dienen oder als Hauptgericht serviert werden – mit einer Schale *Ben* (Buttermilch) oder *Rayeb* (Dickmilch). Für Couscous ohne Sauce die feinkörnige Sorte oder eine Mischung aus fein- und mittelkörnigem Getreide verwenden.

Die Rezepte sind für 4 bis 6 Personen gedacht (350 Gramm Getreide).

❶ Süßer Couscous mit Trockenfrüchten
Wenig Salz und statt des Olivenöls Arganöl verwenden. In Butter und Öl 2 Esslöffel Mandelblättchen, 1 Esslöffel grüne Pistazien und 1 Esslöffel Pinienkerne anrösten. Je 100 Gramm fein gehackte getrocknete Aprikosen und Datteln, 40 Gramm Korinthen, 1 Teelöffel Zimt und 30 Gramm Puderzucker unter den Couscous ziehen. Erneut in den Dämpfeinsatz geben oder mit befeuchtetem Kochpergament bedeckt in den Ofen stellen und 15 Minuten garen. Mit Trockenfrüchten dekorieren, mit Joghurt oder Obstsalat bzw. Kompott servieren.

❷ Couscous mit frischen Erbsen und Puffbohnen
500 Gramm frische Puffbohnenkerne oder Erbsen (oder halb-halb; wahlweise Tiefkühlware) verwenden. Erbsen im Dämpfeinsatz garen, Bohnen im Wasser. Bohnen von der weißen Haut befreien, unter den Couscous mengen. Als Hauptgericht oder Beilage servieren.

❸ Couscous mit Salzzitronen
Schale von 1 eingelegten Zitrone fein hacken und unter den Couscous geben.

❹ Couscous nach Berber-Art
Unter das Getreide 500 Gramm klein geschnittenes Gemüse der Saison (3 bis 4 Sorten) mengen, mit Olivenöl oder frischer Butter bedecken und im Dampf garen. Als Hauptgericht eventuell mit hart gekochten Eiern servieren und eine Joghurtsauce (Seite 8) dazu reichen.

❺ Couscous mit Kichererbsen
150 Gramm gekochte Kichererbsen abspülen und unter den fertigen Couscous mischen. Wahlweise noch 2 Esslöffel Mandelblättchen und fein geschnittene getrocknete Aprikosen dazugeben. Noch einmal erwärmen. Eine proteinreiche Beilage zu Gemüsegerichten.

❻ Couscous mit Safran
3 gehackte Schalotten in wenig Olivenöl andünsten. Zusammen mit ½ Teelöffel Safranpulver unter den fertigen Couscous ziehen. Zu einem Gericht ohne Safran servieren.

❼ Couscous mit Petersilie
1 Bund glatte Petersilie fein hacken und unter den fertigen Couscous ziehen.

1

2

3

4

5

6

COUSCOUS

mit Tfaïa

Die Tfaïa ist ein Kompott aus Zwiebeln und Trockenfrüchten mit Honig und Gewürzen, das es in zahlreichen Variationen gibt. An Festtagen wird der von Tfaïa gekrönte Couscous gern zu den klassischen 7 Gemüsesorten serviert (Seite 32). Weniger aufwendig, aber genauso ausgewogen wird das Gericht, wenn Sie einfach Grill- oder Schmorgemüse nach Saison und Joghurtsauce (Seite 8) dazu reichen.

Für 4 Personen

Couscous: 350 g Couscous • 1 EL Argan- oder Olivenöl • 30 g Butter

Tfaïa: 500 g Zwiebeln • 40 g Butter • 1 Zimtstange • 2 Gewürznelken •
1 gute Prise Safranfäden, am Vorabend in 1 Glas Wasser eingeweicht •
60 g Rosinen, hell und dunkel • 1 TL Zimt • ½ TL Quatre-épices (Seite 6) •
2 EL Honig • einige Mandelblättchen

Bereiten Sie den **Couscous** vor. Falls Sie ihn nicht mit Sauce servieren möchten, ist die traditionelle Dampfgarmethode (Seite 25) besser, weil die Körnchen weicher werden.

Für die Tfaïa Zwiebeln fein schneiden. In einer Pfanne zusammen mit der Zimtstange und den Gewürznelken in Butter andünsten. Sobald die Zwiebeln glasig sind, mit Safran und dem Einweichwasser aufgießen. Rosinen und gemahlene Gewürze hinzufügen und bedeckt auf kleiner Flamme etwa 15 Minuten köcheln lassen. Honig dazugeben und mit Salz und Pfeffer abschmecken. Die Hitze erhöhen und das Ganze leicht karamellisieren lassen. Dabei ständig umrühren.

Den Couscous auf einer Servierplatte zu einem Kegel aufhäufen, in die Mitte eine Mulde drücken, dort die Tfaïa hineingeben. Mit Mandelblättchen bestreut servieren.

So geht's auch: Sie können die Tfaïa mit Kichererbsen zubereiten, mit frischem Ingwer, Datteln, getrockneten Aprikosen, mit ganzen Mandeln, Pinienkernen, Pistazien … oder sie mit gehacktem Koriandergrün bestreut servieren. Sie können die Tfaïa auch als Beilage zur Tajine oder zu Grillgemüse reichen. Dann wird sie extra in einer Schale serviert.

Couscous mit 7 Gemüsesorten

Ein wahrer Festschmaus! Auch ohne die sonst übliche Fleischeinlage ist dieser Couscous ideal für den besonderen Anlass. Hier stellen wir ihn mit Herbst- und Wintergemüse vor. Im Frühjahr oder Sommer können Sie nach Herzenslust kombinieren, solange Sie bei der Glückszahl 7 bleiben. Zwiebeln und Quitten gelten übrigens als Würzmittel und werden nicht mitgezählt.

Für 8 Personen

Ragout: 500 g Karotten • 500 g Süßkartoffeln oder Muskat- oder Butternut-Kürbis • 2 mittelgroße Fenchelknollen • 3 Stängel Staudensellerie • 1 Brokkoli • 400 g Pastinaken • 300 g gelbe Steckrüben • 1 Quitte (nach Wahl) • 2 gelbe Zwiebeln • 4 Knoblauchzehen • 15 Stiele Petersilie • 15 Stiele Koriandergrün • 2 EL Olivenöl • 2 Zimtstangen • 2 Lorbeerblätter • 10 schwarze Pfefferkörner • 1 EL Ras el-Hanout (Seite 6) • 1½ l heiße Gemüsebrühe • 1 gute Prise Safranfäden, am Vorabend in 1 Glas Wasser eingeweicht

Couscous: 700 g mittelkörniger Couscous • 2 TL Meersalz • 4 EL Olivenöl (oder zur Hälfte Smen) • 1 EL Butter (oder 2 EL Arganöl)

Zum Servieren:
je 1 Schälchen mit gemahlenem Kreuzkümmel und Harissa (Seite 7 f.)

Für das Ragout Karotten schälen, längs halbieren und in etwa 5 Zentimeter lange Stücke schneiden. Süßkartoffeln schälen und in dicke Stifte schneiden. Fenchelknollen gründlich waschen und in 6 Teile schneiden. Die Selleriestängel in 3 bis 4 lange Stücke zerteilen. Brokkoli in 6 Stücke schneiden. Pastinaken schälen und in Stifte schneiden. Steckrüben schälen und vierteln. Quitte schälen und das Fleisch fein hacken. Zwiebeln in dünne Ringe schneiden und Knoblauch fein hacken. Petersilie und Koriandergrün mit einem Bindfaden zu einem Sträußchen binden.

Öl in einem großen Topf erhitzen und die Zwiebeln darin anschwitzen. Sobald sie glasig werden, Knoblauch, Zimtstange, Lorbeerblätter und Pfeffer dazugeben. 2 Minuten lang unter Rühren andünsten, das Ras el-Hanout hinzufügen, dann mit Gemüsebrühe und Safran samt

Einweichwasser aufgießen. Kräuterstrauß und Quitte dazugeben. Aufkochen und 15 Minuten köcheln lassen. Danach das restliche Gemüse hinzufügen, Deckel aufsetzen und nochmals kurz aufkochen lassen. Hitze reduzieren und 20 bis 25 Minuten köcheln lassen. Das Gemüse sollte weich sein, aber nicht zerfallen.

In der Zwischenzeit den Couscous zubereiten, wie auf Seite 25 beschrieben. Noch festlicher wird das Gericht, wenn Sie den Couscous mit Trockenfrüchten, Salzzitronen, Kichererbsen (Seite 28) oder Tfaïa (Seite 30) servieren.

Den Couscous auf eine tiefe Servierplatte häufen. Das Gemüse mit dem Schaumlöffel aus der Brühe heben, Kräutersträußchen entfernen. Einige Stücke Brokkoli, Steckrüben und Fenchel rund um den Couscous-Kegel anrichten. Einen Teil der Karotten-, Sellerie-, Süßkartoffel- und Pastinakenstifte an den Seiten arrangieren. Den Rest des Gemüses in einer Schale mit ein wenig Gemüsebrühe reichen. Die restliche Gemüsebrühe in einem Saucentopf servieren, sodass sich jeder selbst bedienen kann. Harissa und gemahlenen Kreuzkümmel in zwei Extraschälchen dazureichen.

So geht's auch: **Im Frühling** Karotten, frische Erbsen, Mairübe, grünen Spargel, frische Puffbohnen und Blumenkohl verwenden. Mit Petersilien-Couscous servieren. *Achtung*: Frühlingsgemüse werden schneller gar.

Im Sommer Karotten, Zucchini, Staudensellerie, Auberginen, Paprika, Zuckererbsen und Tomaten verwenden.

Grünen Couscous mit Artischocken, Porree, Erbsen, Puffbohnen, Mangold, grünem Spargel, grünen Bohnen oder Zuckererbsen zubereiten.

Couscous
mit Veggie-Bällchen

Dieses Gericht wird auch gern mit aromatischerem, dunklem Gersten-Couscous serviert.

Für etwa 15 Bällchen

**Bällchen: 150 g Champignons • 1 mittelgroße Zwiebel • 1 Knoblauchzehe •
60 g Cashewkerne • 20 g Walnüsse • 80 g Vollkorn-Semmelbrösel • 1 EL Vollkornmehl •
1 EL Ras el-Hanout (Seite 6) • 1 Bio-Ei • 1 kleine Handvoll frisches Koriandergrün •
Olivenöl • Meersalz**

**Gemüse: 600 g Hokkaido-, Muskat- oder Butternut-Kürbis • 400 g Karotten •
400 g Zwiebeln • 40 g Smen oder Butter (oder Oliven- bzw. Arganöl) •
1 TL Paprikapulver, edelsüß • 1 TL gemahlener Ingwer • je ½ TL Zimt, Quatre-épices
(Seite 6) und gemahlene Kurkuma • 750 ml heiße Gemüsebrühe • 1 Prise Pfeffer •
50 g helle Rosinen • 100 g gekochte Kichererbsen • 1 Prise Safranfäden, am Vorabend
in 1 Glas Wasser eingeweicht**

**Zum Servieren: Couscous natur (Seite 24 ff.) oder eine der Sorten ohne Sauce (Seite 28)
und Harissa (Seite 7 f.)**

Für die Veggie-Bällchen Champignons, Zwiebel und Knoblauch fein hacken. Nüsse und Kerne im Mixer grob zerkleinern. Zwiebeln in Olivenöl goldgelb anschwitzen, dann Champignons und Knoblauch dazugeben. Etwa 5 Minuten anbraten.

In einer Schüssel Semmelbrösel, Mehl, Gewürze und Nüsse vermischen. Dann die Champignonmasse unterziehen. Das verquirlte Ei und den fein gehackten Koriander hinzufügen, Salzen und alles gründlich miteinander vermengen. 1 Stunde lang kühl gestellt quellen lassen.

Aus dem Teig etwa 15 walnussgroße Bällchen formen. Auf ein mit Backpapier ausgelegtes Blech geben, mit Olivenöl bepinseln und im vorgeheizten Ofen 20 Minuten bei 200 °C backen.

Für das Gemüse den Kürbis schälen und in große Stücke schneiden. Die Karotten längs halbieren oder vierteln und in etwa 8 Zentimeter lange Stifte schneiden. Zwiebeln in dünne Ringe schneiden und in einem großen Topf in Smen, Butter oder Öl anschwitzen. Wenn sie goldgelb sind, Gewürze dazugeben und gründlich umrühren. Mit Gemüsebrühe aufgießen, pfeffern und zum Kochen bringen. Karotten, Kürbis, Rosinen, Kichererbsen und Safran samt Einweichwasser hinzufügen. Mit Deckel etwa 20 Minuten weich köcheln lassen.

In der Zwischenzeit Couscous zubereiten, auf eine Servierplatte häufen und rundherum das abgeschöpfte Gemüse und die Bällchen anrichten. Harissa und Brühe dazu reichen.

GRÜNER COUSCOUS
mit Maakouda-Würfeln

In Algerien und Tunesien finden Sie unzählige Arten von Maakouda.
Maakouda ist eine Art Omelett, das hervorragend zu grünem Frühlings-Couscous passt.

• • • • • • • •
• • • • • • •

Für 4 Personen

Kräuter-Maakouda: 1 große gekochte Kartoffel (250 g) • 1 Frühlingszwiebel •
1 große Handvoll Kräuter (Kresse, Kerbel, Dill, Petersilie, Minze etc.) • 4 Bio-Eier •
1 TL Tabil (Seite 7) • Meersalz und Pfeffer • Olivenöl

Couscous: 12 grüne Spargelstangen • 4 Stängel junger Porree • 1 Brokkoli (300 g) •
250 g Zuckerschoten • 1 Handvoll Knackerbsen (Sugar Snap, wahlweise) •
200 g junge Markerbsen ohne Schoten (500 g mit Schoten) • 1 l heiße Gemüsebrühe •
1 EL mildes Ras el-Hanout ohne Paprika (Seite 6) • 2 Knoblauchzehen

Zum Servieren: Petersilien-Couscous (Seite 28)

Für die Maakouda die Kartoffel mit einer Gabel gründlich zerdrücken. Die Frühlingszwiebel und die Kräuter fein hacken. Eier gründlich verrühren, unter das Püree ziehen. Tabil, Zwiebeln und Kräuter dazugeben. Mit Salz und Pfeffer abschmecken. Maakouda wird im Backofen zubereitet: Ein Backblech ölen, das Püree darauf streichen und bei 180 °C etwa 20 Minuten backen. Oder Sie backen das Omelett in der Pfanne in etwa 2 Esslöffeln Olivenöl aus. Nach 10 Minuten wenden. Abkühlen lassen, bevor Sie das Omelett in Würfel schneiden. Im Backofen warm halten.

Für den Couscous den Couscous nach Belieben zubereiten und im Backofen warm halten. Den Porree gründlich waschen. Spargel ebenfalls waschen und vom unteren Ende etwa 1 Zentimeter abschneiden. Spargel und Porree in Stücke schneiden. Brokkoli in kleine Röschen teilen. Zuckerschoten und Knackerbsen putzen. Markerbsen von den Schoten befreien.

Gemüsebrühe zum Kochen bringen, Spargel, Porree und Brokkoli zusammen mit Ras el-Hanout hineingeben. Aufkochen lassen, die Hitze reduzieren und nach etwa 5 Minuten den geschälten und gehackten Knoblauch sowie das restliche Gemüse (bis auf die Knackerbsen) hinzufügen. Alles nur kurz blanchieren, das Gemüse muss noch knackig sein. Die Knackerbsen am Ende noch 1 Minute mitgaren.

Gemüse abgießen und rund um den Couscous auf einer Servierplatte anrichten. Die Maakouda-Würfel drum herum drapieren. Gemüsebrühe in einer Saucière dazu reichen.

GEMÜSESPIESSE
mit Chermoula

Chermoula wird gewöhnlich für Fisch verwendet, eignet sich aber auch ausgezeichnet als Marinade für Gemüse. Reichen Sie dazu Couscous natur oder eine der Sorten ohne Sauce.

Für 4 Personen

1 lange, nicht so dicke Aubergine • 1 große Schüssel Chermoula (2 Portionen, Seite 7) • 1 kleiner Blumenkohl • 2 kleine Fenchelknollen • 1 kleine grüne Zucchini • 1 kleine gelbe Zucchini • 1 rote Paprikaschote • 12 frische Schalotten

Zum Servieren: Couscous natur (Seite 24 ff.) oder eine der Sorten ohne Sauce (mit Safran oder Kichererbsen, Seite 28)

Auberginen mit Haut in 3 Zentimeter große Würfel schneiden. Jeder Würfel sollte auf einer Seite Haut haben. Die Würfel salzen, in ein Nudelsieb legen, beschweren und 1 Stunde lang entwässern.

Eine doppelte Portion Chermoula zubereiten. Die Hälfte in eine große Salatschüssel geben, den Rest in einer Saucenschale zum fertigen Gericht reichen.

Blumenkohl in nussgroße Röschen zerteilen, von denen jedes einen Stiel hat. Fenchelknollen vierteln. Beides im Dampfgarer etwa 5 Minuten garen. Zucchini in 3 Zentimeter dicke Scheiben schneiden. Schalotten schälen. Paprikaschote putzen und in 3 Zentimeter große Quadrate schneiden. Auberginen unter fließendem Wasser abspülen und mit Küchenpapier trocken tupfen.

Gemüse in die Salatschüssel geben und unter die Chermoula heben, sodass alles gut mit Marinade bedeckt ist. 1 bis 2 Stunden marinieren lassen, dabei des Öfteren wenden.

Couscous nach Belieben zubereiten und im Backofen warm halten.

Das Gemüse abtropfen lassen und auf Spieße stecken. Auf dem offenen Grill (evtl. in einer Schale), im Kontaktgrill oder im Backofen grillen. Dabei des Öfteren wenden, bis die Spieße von allen Seiten gebräunt sind. Sie können sie aber auch in der Pfanne braten. Mehrfach mit Marinade bestreichen. Mit Couscous und Chermoula auf den Tisch bringen.

So geht's auch: Haben Sie es eilig, grillen Sie das Gemüse einfach so in einer Schale oder auf dem Backblech, ohne es aufzuspießen. In diesem Fall etwas größere Stücke schneiden.

Couscous mit Fenchel

Dieses leichte, zitronige Gericht
mit gegrillten Fenchelscheiben ist ein wahrer Augenschmaus.

Für 4 Personen

**150 g Puffbohnen (500 g mit Schoten) • 3 EL Pinienkerne • 1 Salzzitrone •
3 Schalotten • ein paar eingelegte getrocknete Tomaten • 200 g mittelkörniger
Couscous • 3 EL Olivenöl • 4 kleine Fenchelknollen (etwa 600 g) •
je 6 Stiele Petersilie und Koriandergrün • Olivenöl • Joghurtsauce (Seite 8)**

Puffbohnen von den Schoten befreien und 2 Minuten in kochendem Wasser garen, dann mit kaltem Wasser abschrecken und von der weißen Haut befreien. In einer Pfanne 2 Esslöffel Pinienkerne ohne Fett anrösten. Die Schalotten fein hacken. Die Schale der Salzzitrone klein schneiden. Die eingelegten Tomaten in Stücke schneiden, einige zum Garnieren beiseitelegen. Kräuter hacken und einen Teil davon zum Garnieren zurückbehalten.

Couscous in einer feuerfesten Schüssel mit 250 Millilitern kochendem Wasser übergießen. Salzen, durchrühren und bedeckt mindestens 10 Minuten quellen lassen. 1 Esslöffel Olivenöl einmassieren und die Körner mit der Gabel oder der Hand lockern. Deckel aufsetzen und im Ofen bei 100 °C garen.

Während der Couscous quillt, den Fenchel vorbereiten. Die Knollen putzen, das feine Grün hacken. Mit einem großen Messer aus der Mitte jeder Knolle 4 dünne Scheiben schneiden. Den harten Teil unten mehrfach einschneiden, jedoch so, dass die Blätter sich nicht lösen. Den Rest des Fenchels in kleine Würfel schneiden.

In einer großen Pfanne über großer Flamme Schalotten und Fenchelwürfel in 2 Esslöffel Olivenöl anbraten. Leicht salzen. Wenn der Fenchel weich ist, die Würfel unter den Couscous ziehen. Puffbohnen, Tomatenstücke, geröstete Pinienkerne, Salzzitronenwürfel, Fenchelgrün und gehackte Kräuter dazugeben. Im Backofen warm halten.

Die Fenchelscheiben einölen und im Grill oder der Pfanne weich und goldgelb garen.

Den Couscous auf eine Servierplatte häufen, die Fenchelscheiben an den Seiten anrichten und das Ganze mit den restlichen Petersilien- und Korianderblättchen, Tomatenstücken und Pinienkernen garnieren. Dazu Joghurtsauce (mit Kräutern oder Gewürzen, Seite 8) reichen.

So geht's auch: Puffbohnen können Sie gut durch entkernte grüne Oliven ersetzen. Reste servieren Sie am nächsten Tag mit ein wenig frischem Zitronensaft als Salat.

COUSCOUS-BRATLINGE
mit Auberginen-Mandel-Röllchen

Als die Vegetarier aller Länder den Couscous entdeckten, haben sie sich sofort ans Experimentieren gemacht – heraus kamen einige Gerichte, die zwar nicht der Tradition entsprechen, aber trotzdem köstlich schmecken.

Für 16 Auberginen-Röllchen

4 eher lange als dicke Auberginen • 1 kleine Schale Paprikamark (siehe Seite 72) • 100 g Mandelmehl • 1 Prise Chilipulver (nach Geschmack) • Olivenöl

Für 8 Bratlinge (4 Personen)

120 g mittelkörniger Couscous • ½ TL feines Meersalz • 4 EL gekochte Kichererbsen • 1 große Knoblauchzehe • 1 kleine Handvoll Koriandergrün • Schale von 1 Bio-Zitrone • 2 mittelgroße Bio-Eier • Olivenöl

Für die Auberginen-Röllchen die Auberginen der Länge nach in ½ Zentimeter dicke Scheiben schneiden. Mit feinem Meersalz bestreuen und in einem Nudelsieb mit einem Gewicht beschwert 1 Stunde lang abtropfen lassen. Abspülen und mit Küchenpapier trocken tupfen. Mit Öl bestreichen und (im Backofen) grillen, bis sie braune Streifen bekommen. Paprikapüree mit Mandelmehl und Chilipulver zu einer dicken Paste verrühren. Auberginenscheiben damit bestreichen und aufrollen. Im Backofen bei niedriger Temperatur warm halten.

Für die Bratlinge den Couscous mit 250 Millilitern kochendem Wasser übergießen, salzen, gut verrühren und bedeckt 5 Minuten quellen lassen. Dann mit der Hand oder Gabel auflockern. Kichererbsen mit Knoblauch, Koriandergrün und Zitronenschale im Mixer pürieren. Die Eier verquirlen und über den Couscous geben, gut einarbeiten. Dann die Kichererbsenmasse unterziehen. Mit der Hand 8 gleichmäßige Bratlinge formen. Olivenöl (oder eine Mischung aus Butter und Olivenöl) in der Pfanne erwärmen und die Bratlinge bei mittlerer Hitze auf jeder Seite 5 Minuten ausbacken, bis sie goldgelb sind.

Die Bratlinge mit den Auberginen-Röllchen und einer Joghurtsauce mit Harissa, Kräutern oder Chermoula (Seite 7) auf den Tisch bringen.

So geht's auch: Sie können die Bratlinge mit Kreuzkümmel würzen, Pinienkerne oder eine rote, fein gehackte Zwiebel dazugeben oder fein gehackte Oliven. Mit Öl bepinselt lassen sie sich auch im Backofengrill zubereiten, dann werden sie aber weniger knusprig. Das Eigelb können Sie auch weglassen, denn zum Binden reicht das Eiweiß aus.

Couscous
mit Früchten und Mandelmilch

Servieren Sie diese leckere Süßspeise, die intensiv nach Kindheit duftet, doch mal zum Frühstück statt zum Dessert. Variieren Sie die Gewürze ruhig nach Belieben. Bestimmt finden Sie weitere köstliche Mischungen bei Ihrem Gewürzhändler. Man muss nur ein bisschen stöbern ...

Für 4 Personen

200 ml Mandelmilch • je 1 gute Prise Zimt, gemahlene Vanille, gemahlener Ingwer und gemahlener Kardamom • 3 EL Palmzucker • 120 g feinkörniger Couscous • 30 g Butter • 5 reife, duftende Feigen • Schale von ½ Bio-Zitrone, fein gehackt • 1 Handvoll Mandelblättchen oder fein gehackte Pistazien • einige Rosinen

Mandelmilch mit Gewürzen und Palmzucker in einer Kasserolle erwärmen, ohne sie zum Kochen zu bringen. Vom Herd nehmen und den Couscous auf einmal hineingeben. Gut umrühren, Deckel aufsetzen und 5 Minuten quellen lassen. Butter dazugeben und mit der Gabel auflockern. Wenn die Körnchen abgekühlt sind, mit der Hand weitermachen.

4 Feigen in Würfel schneiden und mit Zitronenschale und Mandeln bzw. Pistazien unter den Couscous ziehen (ein paar zum Dekorieren zurückbehalten). Die übrige Feige in Achtel schneiden und den Couscous damit garnieren. Mit Rosinen und Mandeln oder Pistazien bestreut servieren.

So geht's auch: Für dieses Gericht können Sie alle saftigen Früchte verwenden (je nach Saison: Erdbeeren, Aprikosen, Nektarinen, Brombeeren, Birnen, Mangos, Clementinen oder Orangenfilets). Wahlweise ersetzen Sie die Zitronenschale durch 1 Esslöffel Orangenwasser oder 1 Teelöffel Rosenwasser. Auch 1 oder 2 Tropfen ätherisches Öl in der Mandelmilch ergeben ein gutes Aroma. Versuchen Sie es beispielsweise mit Ingwer- oder Grapefruitöl. Die Butter können Sie auch durch 1 Esslöffel Arganöl oder 1 Esslöffel neutrales Öl (z. B. Rapsöl) ersetzen.

Knuspriger Blumenkohl-Couscous

Hier geht es tatsächlich um Couscous aus, nicht mit Blumenkohl ... Die Idee stammt von dem Drei-Sterne-Koch Alain Passard und garantiert einen kohlenhydrat- und glutenfreien Couscous! Eingehüllt in den Duft des Arganöls, wird aus Couscous so ein besonders gesundes, dabei überaus köstliches Gericht ...

Für 4 Personen

1 mittelgroßer Blumenkohl • 1 TL Arganöl • Saft von ½ Zitrone • weißer Pfeffer

Zerteilen Sie den Blumenkohl in einzelne Röschen. Wenn Sie eine Küchenmaschine haben, schneiden Sie die Stiele ab und verwenden nur die Röschen. Legen Sie die Röschen in die Küchenmaschine und verarbeiten Sie sie zu groben Körnern. Ohne Küchenmaschine brauchen Sie eine Reibe und viel Geduld und Spucke (im übertragenen Sinne!). Sie schneiden die Stiele nicht ab, weil sie Ihnen als Griff dienen, und raspeln die Röschen klein. Achten Sie auf Ihre Fingerkuppen! Das Resultat ist dasselbe. Werfen Sie die Stiele nicht weg, sie ergeben eine gute Gemüsesuppe.

Geben Sie die Blumenkohlkörnchen in den mit durchlöchertem Butterbrotpapier ausgelegten Dämpfeinsatz. 3 bis 4 Minuten im Dampf garen, je nachdem, wie bissfest Sie sie haben möchten.

Mit Arganöl, Zitronensaft und weißem Pfeffer abschmecken. Nach Belieben salzen und zu einem Ragout oder gegrilltem Gemüse (Auberginen, Süßkartoffeln, Hokkaido-Kürbis ...) reichen. Eine leckere Sauce gehört ebenfalls dazu (Chermoula oder Joghurtsauce, Seite 7 f.).

So geht's auch: Wenn Sie die Blumenkohlkörnchen nicht durchgaren, können Sie sie auch kalt zu Tabouleh-Salat verarbeiten: Einfach mit Olivenöl, winzigen Gurken-, Tomaten- und Paprikawürfeln, schwarzen Oliven und viel Petersilie und Minze vermengen. Leichte, erfrischende Kost!

Tajines

Ein paar Tipps vorab

Welchen Topf nehme ich?

Mit „Tajine" (gesprochen: Tadschin) ist zweierlei gemeint: das typische Schmorgefäß mit dem konischen Deckel, aber auch das darin zubereitete Gericht. Wenn Sie keine Tajine besitzen, können Sie stattdessen einen Schmortopf (möglichst aus Gusseisen) verwenden, der nach oben hin breiter wird (siehe Seite 72). Wichtig ist, dass er einen dicken, massiven Boden hat. Auch ein schwerer Wok leistet gute Dienste. In solchen Töpfen kann das Gemüse lange auf niedriger Flamme sanft dünsten, ohne zu verkochen. Immer mehr Leute bereiten Tajines auch im Dampftopf zu, doch je kürzer die Kochzeit, desto weniger können sich die Aromen entwickeln. Gemüse ist ohnehin schneller gar als die klassischen Tajines mit Fleisch. Es gibt also gar keinen Grund, es so rabiat zu garen.

Wenn Sie eine Tajine aus Ton kaufen, machen Sie dem Verkäufer klar, dass Sie damit tatsächlich kochen möchten. Die wunderschönen glasierten Tajines sind in erster Linie dekorativ und taugen meist nicht zum Garen. Man erhitzt sie leer im Backofen und füllt das fertige Gericht vor dem Servieren hinein. Eine echte Ton-Tajine zum Kochen sollte vor dem ersten Gebrauch eine Nacht lang in Wasser getaucht werden.

Traditionell stellte man die Tajine über offenem Feuer auf einen Rost, aber so etwas sieht man heute nicht einmal mehr in Nordafrika. Sie können mit der Ton-Tajine auf dem Gasherd garen, wenn Sie eine Simmerplatte verwenden, welche die offene Flamme dämpft (auf niedrigster Flamme beginnen und langsam auf mittlere Hitze steigern!). Eine solche Simmerplatte ist auch bei dem guten, alten Elektroherd vonnöten. Auch hier sollten Sie darauf achten, dass er nicht zu schnell aufheizt. Vorsicht ist auch beim Glaskeramikkochfeld geboten, das sehr schnell heiß wird, was ein Tontopf wirklich nicht verträgt – jedenfalls meiner persönlichen Erfahrung nach.

Diese Probleme können Sie vermeiden, wenn Sie eine Tajine aus Gusseisen kaufen (siehe Seite 72). Diese Investition lohnt sich auch beim Induktionsherd. Es gibt auch elektrische Tajines, die den Vorteil haben, dass der Herd nicht so lange belegt ist. Da die Tajine einen hohen, konischen Deckel hat, passt sie gewöhnlich nicht in den Backofen. Falls doch, können Sie Ihre Tajine sehr gut im Backofen zubereiten. Allerdings funktioniert das Eindicken da nicht so gut, weil keine Frischluft ans Gargut kommt. Im Notfall lässt sich die Tajine im Backofen aber auch in einer feuerfesten runden Auflaufform mit Deckel zubereiten.

Die meisten Tajine-Rezepte in diesem Buch sind für 4 Personen gedacht, dennoch rate ich Ihnen zu einem Topf für 6 Personen (32 Zentimeter Durchmesser), damit das Gemüse genug Platz hat und garen kann, ohne zu zerfallen.

Bitte vergessen Sie nie, die Mulde im Deckel der Tajine mit kaltem Wasser zu füllen, da sonst das Dampfgaren nicht funktioniert.

Wie mache ich dazu eine sämige Sauce?

Mit Gemüse ist dies ein bisschen schwierig. Fleisch gibt beim Garen im eigenen Saft Kollagen ab, das die Sauce sämiger macht. Doch mit ein paar Tricks klappt das auch beim Gemüse. Zunächst einmal sollte zu Beginn der Kochzeit nicht zu viel Flüssigkeit im Topf sein. Die in den Rezepten angegebene Menge reicht für das Garen in einem Tontopf auf dem Herd. Ob Sie mehr oder weniger nehmen müssen, hängt letztlich ganz von Ihrer Tajine ab. Im Zweifelsfall nehmen Sie lieber weniger und behalten die Tajine im Auge. Wenn nötig, füllen Sie ein wenig Wasser oder Gemüsebrühe nach – schön heiß, um den Garprozess nicht zu unterbrechen.

Wenn Sie am Ende der Garzeit trotzdem noch zu viel Flüssigkeit haben, dann nehmen Sie den Deckel vom Topf, erhöhen die Hitze und lassen diese verdampfen. Tontöpfe allerdings sollten Sie nicht zu stark aufheizen, weil es sonst Risse geben kann.

Ist das Gemüse dennoch schon gar, bevor die Flüssigkeit verdampft ist, müssen Sie tricksen! Schöpfen Sie so viel Flüssigkeit wie möglich ab und lassen Sie diese in einer Kasserolle einkochen. Geben Sie die eingedickte Sauce dann zurück in die Tajine. Wenn aber die Menge der Sauce gerade so ausreicht, obwohl sie noch zu dünnflüssig ist, dann sollten Sie mit etwas Kartoffelstärke oder – noch besser – mit Mandel- oder Sesammus andicken. Auch ganze Sesamkörner sind dafür geeignet, haben jedoch einen intensiven Eigengeschmack. Verrühren Sie die Kartoffelstärke oder das Nussmus mit ein wenig lauwarmem Wasser und rühren Sie diese Flüssigkeit sachte unter das Ragout. Dann aber schleunigst auf den Tisch mit Ihrem Prachtstück, sonst dickt die Sauce zu sehr an.

Welche Beilagen reicht man zur Tajine?

Traditionell gibt es dazu nur Mathlouh, Fladenbrot, das Sie in griechischen, türkischen oder arabischen Geschäften bekommen. Aber natürlich können Sie auch Baguette oder anderes Weißbrot nehmen, mit dem man die Sauce gut auftunken kann. Verpetzen Sie mich nicht bei Ihren marokkanischen Freunden, aber man kann Tajine auch gut mit Couscous oder Bulgur servieren, dann sättigt sie besser. In diesem Fall darf die Sauce ruhig etwas dünnflüssiger sein. Sie müssen sie also nicht andicken.

Die Tradition will es auch, dass als Vorspeise oder Beilage mehrere kleine Salate gereicht werden: Diese farbenfrohen Begleiter ergänzen die Tajine auf gesunde Weise zu einer perfekten Mahlzeit.

Welches Fett verwende ich?

Wer den Geschmack von Smen, Butterschmalz, mag, kann es statt Butter oder auch statt Olivenöl verwenden. Und selbst wenn man es in Marokko so macht: Hier Arganöl zu verwenden ist reine Verschwendung. Das Öl ist unglaublich teuer und der Geschmack verliert sich ohnehin. Auch die wertvollen Nährstoffe des Arganöls bleiben bei dem langen Garprozess nicht erhalten.

Was die Menge an Fett angeht, so werden Sie sehen, dass in den hier vorgestellten Rezepten sehr viel weniger davon verwendet wird als in Nordafrika üblich. Wenn es Ihnen immer noch zu viel ist, können Sie es ohne Schaden weiter reduzieren. Die Sauce wird zwar weniger sämig, schmeckt aber immer noch hervorragend.

Tajine mit zweierlei Bohnen und Tomaten

Für diese Tajine können Sie gut auch etwas gröbere grüne Bohnen verwenden. Die weißen Bohnenkerne liefern die nötigen Proteine. Servieren Sie diese Tajine mit gutem Brot und einer Schale Joghurtsauce (Seite 8).

Für 4 Personen

750 g grüne Bohnen • 1 große Zwiebel • 2 Knoblauchzehen • 2 Stiele Basilikum mit großen Blättern • 3–4 Stiele glatte Petersilie • 500 g reife Tomaten • 2 EL Olivenöl • 15 g Butter (oder Smen) • 1 Zimtstange • 2 TL Tabil (Seite 7) • 1 Prise Chilipulver (wahlweise) • 1 Tasse gekochte weiße Bohnen • ein paar Oliven

Die grünen Bohnen putzen und je nach Größe in 2 bis 3 Stücke schneiden. Die Zwiebel klein schneiden, den Knoblauch hacken. Einen Teil der Petersilien- und Basilikumblätter beiseitestellen. Den Rest fein hacken. Tomaten häuten und grob zerteilen.

Olivenöl und Butter (oder Smen) auf kleiner Flamme im Gargefäß erhitzen. Zimtstange, Knoblauch, Zwiebeln und gehackte Kräuter dazugeben. Sobald die Zwiebeln glasig sind (was in einem Tongefäß etwa 10 Minuten dauern kann), Tabil und wahlweise Chilipulver hinzufügen. Gewürze etwa 1 Minute anrösten, dann die grünen Bohnen hinzufügen. Gut durchmengen, Tomaten dazugeben, salzen, pfeffern, noch einmal durchrühren, dann den Deckel aufsetzen. Etwa 45 Minuten lang köcheln lassen, dabei öfter mal umrühren. Achten Sie darauf, dass immer genug Flüssigkeit im Gefäß ist, damit die grünen Bohnen nicht ankleben.

Wenn die grünen Bohnen weich und die Tomaten zerfallen sind, die Sauce reduzieren. Danach die weißen Bohnen hinzufügen, einmal umrühren und weiter dünsten, bis die Bohnen warm sind.

Vor dem Servieren (heiß oder Zimmertemperatur) mit den beiseitegestellten Kräuterblättchen und einigen Oliven dekorieren.

So geht's auch: Basilikum ist in Nordafrika kein häufiges Gewürz, verleiht dem Ganzen aber eine mediterrane Note, vor allem im Sommer, wenn man hier kaum noch bezahlbares frisches Koriandergrün findet. Und Basilikum passt wunderbar zu den Bohnen und Tomaten. Aber natürlich können Sie auch nach Belieben andere Kräuter wie Bohnenkraut, Rosmarin oder Minze verwenden.

Tajine mit Zucchini, getrockneten Aprikosen und Mandeln

Nur die köstlichen kleinen Sommerzucchini behalten in der Tajine ihre Konsistenz, weil sie nicht so viel Wasser enthalten wie ihre großen Schwestern. Wenn Sie für die getrockneten Aprikosen Bio-Ware nehmen, fällt das Gericht zwar weniger farbig aus, aber die anderen Trockenaprikosen sind nun mal geschwefelt. Und Sie können diese Tajine ja immer noch mit frischen Aprikosen garnieren ...

Für 4 Personen

800 g kleine Sommerzucchini • 100 g getrocknete Aprikosen • ½ Salzzitrone •
2 Knoblauchzehen • 1 Zwiebel • 2 EL Olivenöl • 15 g Butter (oder Smen) •
1 TL gemahlener Kreuzkümmel • je ½ TL gemahlener Koriander, gemahlener Ingwer und gemahlene Kurkuma • 1 Prise Zimt • 100 g gehäutete Mandeln •
1 gute Prise Safranfäden, am Vorabend in 1 Glas Wasser eingeweicht •
1 EL Mandelmus und etwas Gemüsebrühe (wahlweise) • 1 kleine Handvoll frische Minze (oder Koriandergrün, Basilikum ...) • 2–3 frische Aprikosen (je nach Saison) •
einige Mandelblättchen

Zucchini in dicke Scheiben schneiden. Getrocknete Aprikosen waschen und in Scheiben schneiden. 1 Knoblauchzehe und Schale der Salzzitrone fein hacken.

Die Zwiebel klein schneiden, in Olivenöl und Butter (oder Smen) in der Tajine über niedriger Flamme anbraten. Wenn sie glasig wird, Knoblauch und gemahlene Gewürze dazugeben. Eine Minute anschwitzen, bevor Sie Zucchini, Trockenfrüchte, Salzzitrone, Mandeln und Safran samt Einweichwasser hinzufügen. Salzen, gut umrühren und den Deckel aufsetzen. 15 bis 20 Minuten garen lassen. Gelegentlich nachsehen, ob auch nichts anklebt. Falls nötig, einige Esslöffel heiße Gemüsebrühe (oder Wasser) hinzufügen.

Wenn die Zucchini weich (aber noch bissfest) sind, die Sauce wenn nötig andicken. Dazu das Mandelmus in ein wenig Gemüsebrühe auflösen. Die zweite Knoblauchzehe hacken und hinzufügen. Die Mischung unter das Gericht ziehen und vorsichtig umrühren. Weitere 5 Minuten köcheln lassen, damit aus der Brühe eine duftende, sämige Sauce wird. Ist die Sauce ohnehin schon sämig genug, nur die fein gehackte Knoblauchzehe hinzufügen.

Vor dem Servieren die Tajine mit Minze- und Mandelblättchen bestreuen und Aprikosenviertel darauf anrichten.

So geht's auch: Statt der Aprikosen können Sie auch Feigen oder Rosinen und Weintrauben nehmen. (Die Trockenfrüchte kommen in die Tajine, mit den frischen Früchten wird dekoriert.)

Tajine mit Kichererbsen und Spinat

Auch dies ein Klassiker! Die hier angegebene Menge Kichererbsen ist die doppelte Menge, die Sie für dieses Gericht brauchen, doch es lohnt sich kaum, so wenig Kichererbsen zu kochen. Bereiten Sie aus dem Rest einen Salat oder einen Hummus.

Für 4 Personen

125 g Kichererbsen (nicht gekocht) • 2 EL Pinienkerne • 1 Zwiebel • 1 Knoblauchzehe •
1 Stück frische Ingwerwurzel (ca. 3 cm) • 2 EL Olivenöl • 15 g Butter (oder Smen) •
1 EL gelbes Ras el-Hanout (Seite 6) • 1 TL gemahlener Kreuzkümmel •
500 g reife Tomaten (außerhalb der Saison: geschälte Tomaten aus der Dose) •
300 g frischer Spinat

Am Vorabend die Kichererbsen in viel kaltem Wasser einweichen und mindestens 12 Stunden ruhen lassen. Danach das Wasser abgießen, die weißen Häutchen entfernen und die Kichererbsen gründlich abspülen. In einen Kochtopf geben, großzügig mit kaltem Wasser bedecken, einen Deckel aufsetzen und zum Kochen bringen. Die Hitze reduzieren und 20 bis 60 Minuten köcheln lassen, möglicherweise auch länger. (Die Kochzeit hängt von der Größe und vom Alter der Kichererbsen ab.) Erst salzen, wenn die Kichererbsen weich sind. Wenn sie gar sind, abgießen und abspülen. Im Kühlschrank aufbewahren.

Die Pinienkerne ohne Öl in der Pfanne bräunen. Die Zwiebel fein schneiden, Knoblauch und Ingwer hacken. In Olivenöl und Butter im Gargefäß andünsten. Wenn die Zwiebeln glasig werden, die Gewürze hinzufügen und 1 Minute schmoren lassen. Frische Tomaten zunächst häuten (siehe dazu H'miss, Seite 11) und von Wasser und Kernen befreien. Dann klein schneiden und dazugeben. Verwenden Sie Tomaten aus der Dose, geben Sie diese bitte portionsweise zu (um das Gericht nicht allzu sehr abzukühlen). Salzen und bei mittlerer Hitze und geöffnetem Deckel einkochen lassen. In der Zwischenzeit den Spinat putzen, die Stiele abschneiden und die Blätter grob hacken.

Sind die Tomaten weich, die Kichererbsen dazugeben und alles gut vermengen. Bei geschlossenem Deckel etwa 10 Minuten köcheln lassen. Dann die Spinatblätter darauf verteilen, nochmals leicht salzen und wieder abdecken, damit sie im Dampf garen können. Sobald sie „zusammenfallen", aber noch schön grün sind, unterziehen. Die gebräunten Pinienkerne darüberstreuen und sofort servieren.

Diese „Alltagstajine" serviert man mit frischem Brot und einer Schale Dickmilch oder – weniger traditionell – mit einer gewürzten Joghurtsauce (Seite 8).

LINSEN
mit Harissa

Diese Tajine duftet nach Tunesien: Das Aroma von Tabil mischt sich mit der Schärfe der Harissasauce. Wenn möglich, verwenden Sie selbst gemachte Harissa oder solche, die Sie in einem tunesischen Feinkostladen gekauft haben. Harissa in Dosen oder Tuben ist meist sehr scharf und wenig aromatisch. Wenn Sie sie dennoch verwenden müssen, dann möglichst sparsam.

• • • • • • • •

Für 4 Personen

300 g braune Linsen • 1 Zwiebel • 1 rote Paprikaschote (ersatzweise 1 weitere Zwiebel) •
1 Zimtstange • 1 TL Kreuzkümmelsamen • 2 EL Olivenöl • 15 g Butter (oder Smen) •
3 Knoblauchzehen • 2 TL Tabil (Seite 7) • 1 TL Paprika- oder Chilipulver
(nach Geschmack) • 1 gute Prise getrockneter Oregano • 1–3 TL Harissa (Seite 7 f.) •
1 kleine Handvoll frisches Koriandergrün, ersatzweise Petersilie

Linsen waschen und abgießen. Zwiebel und Paprikaschote in dünne Ringe schneiden und im Gargefäß mit Zimt, Kreuzkümmel, Öl und Butter andünsten. Wenn die Zwiebeln glasig sind, Knoblauch hacken und zusammen mit Tabil sowie Paprika- oder Chilipulver, Oregano und Harissa in den Topf geben.

Linsen dazugeben, gut durchrühren und die Tajine mit so viel heißem Wasser auffüllen, dass die Linsen 2 bis 3 Zentimeter hoch bedeckt sind. Zum Kochen bringen, Deckel aufsetzen, die Hitze reduzieren und etwa 30 Minuten köcheln lassen. Wenn die Linsen noch nicht weich sind, ein wenig heißes Wasser hinzufügen und die Garzeit entsprechend verlängern. Nun können Sie auch salzen, ohne dass die Linsen hart bleiben.

Sind die Linsen gar, aber noch bissfest, sind sie fertig. Wenn dann noch Flüssigkeit übrig ist, die Hitze erhöhen und bei offenem Deckel einkochen. Vor dem Servieren die Kräuter fein hacken und den größten Teil unter die Tajine ziehen. Den Rest zum Garnieren verwenden.

Reichen Sie gutes Brot zu dieser Tajine und einen Gemüsesalat (mit Karotten, Auberginen etc.), um eine ausgewogene Mahlzeit zu erhalten. Dazu noch eine Schale selbst gemachte Joghurtsauce (Seite 8) – fertig ist ein leichtes Abendessen.

TSCHOUTSCHOUKA

mit Ei

Tschoutschouka ist ein Gemüseragout aus Algerien bzw. Tunesien, das gewöhnlich mit Eiern serviert wird. Die Zusammensetzung ist saisonal ganz verschieden. Haben Sie einen empfindlichen Magen, dann häuten Sie die Paprikaschoten (siehe dazu H'miss, Seite 11). Danach können Sie sie genauso verwenden wie ungehäutete Schoten, nur die Garzeit sollten Sie verringern.

• • • • • • •
• • • • • • • •

Für 4 Personen

2 mittelgroße Zwiebeln • 4 EL Olivenöl • 3 große Paprikaschoten (je 1 grüne und 1 rote sowie 1 orangefarbene oder gelbe) • 1 frische grüne oder rote Chilischote (nach Wahl) • je 1 TL gemahlener Kreuzkümmel und Paprikapulver, edelsüß • 600 g reife Fleischtomaten • 4 Bio-Eier

Die Zwiebeln in feine Ringe schneiden. Im Gargefäß in Olivenöl anschwitzen. Paprika- und Chilischoten von weißen Teilen und Kernen befreien. Paprika in feine Streifen schneiden, Chilischote fein hacken.

Wenn die Zwiebeln glasig sind, mit den gemahlenen Gewürzen bestreuen und diese 1 Minute mitbraten lassen. Dann Paprika- und Chilistücke dazugeben. Gut durchrühren, den Deckel aufsetzen und auf mittlerer Flamme etwa 30 Minuten garen, dabei des Öfteren umrühren. Am Ende sollten die Paprikastücke weich sein. Wenn Sie gehäutete Paprikaschoten verwenden, die Garzeit um 10 Minuten verkürzen.

Die Tomaten vorbereiten: Einige Minuten in kochendes Wasser tauchen und dann häuten. Von Pulpe und Kernen befreien und in Würfel schneiden.

In die Tajine geben, salzen, pfeffern und bei offenem Deckel schmoren lassen, bis die Sauce schön sämig ist (etwa 15 Minuten).

Mit dem Löffel 4 Mulden in das Ragout machen. In jedes dieser „Nester" 1 Ei schlagen. Deckel aufsetzen und nochmals 8 Minuten garen lassen, bis das Eiweiß fest ist. Sofort servieren.

So geht's auch: Sie können die Zwiebel weglassen, Knoblauch und die gehackte Schale von Salzzitronen dazugeben, einen Teil der Paprikaschoten durch milde Chilischoten, Zucchini oder Auberginen ersetzen oder auch durch Kartoffeln oder Frühlingsgemüse (Artischocken, Zuckerschoten). Sie können die frische Chilischote durch Harissa oder Chilipulver ersetzen, die Eier verquirlen und unter das abgekühlte Gericht ziehen, dann erneut aufsetzen und garen – entweder unter Rühren wie für Rührei oder im Backofen. Oder Sie servieren die Tschoutschouka ohne Eier, mit frischem Koriandergrün bestreut …

Tajine mit Fenchel,
Erbsen und Orangen

Diese leichte Tajine kann auch kalt serviert werden, zum Beispiel als Vorspeise. Garnieren Sie sie mit Fenchelspitzen und frischen Kräutern: traditionell mit glatter Petersilie und Koriandergrün oder Sie probieren es einmal mit Dill, Schnittlauch oder Minze — vor allem, wenn Sie sie kalt reichen.

Für 4 Personen

2 mittelgroße Zwiebeln • 2 Knoblauchzehen • 2 EL Olivenöl • 15 g Butter •
700 g frische Erbsen (oder 300 g Tiefkühl-Ware) • 700 g Fenchel (4 kleine Knollen) •
2 TL gemahlener Kreuzkümmel • 1 TL Tabil (Seite 7) • ½ TL gemahlener Ingwer •
1 Würfel Gemüsebrühe • 200 ml frisch gepresster Orangensaft • 150 ml heißes Wasser •
1–2 EL fein gehackte Kräuter • 1 ganze Bio-Orange

Die Zwiebeln in feine Ringe schneiden, den Knoblauch hacken. Im Gargefäß in Olivenöl und Butter anbraten. In der Zwischenzeit die frischen Erbsen von den Schoten befreien und den Fenchel putzen: Die Spitzen abschneiden, wenn sie schön grün sind. Die Knollen halbieren, den Strunk abschneiden und den Rest in feine Scheiben schneiden. Sind die Zwiebeln glasig, die Gewürze dazugeben und gut umrühren. Erst den Fenchel hinzufügen, dann die Erbsen. Den Brühwürfel zerkrümeln und über das Gericht streuen. Salzen. Den Orangensaft mit heißem Wasser vermengen und damit das Gemüse aufgießen.

Deckel aufsetzen und bei mittlerer Hitze etwa 30 Minuten köcheln lassen. Nehmen Sie den Deckel nicht zu oft ab. Am Ende der Garzeit prüfen Sie, ob noch genug Flüssigkeit vorhanden ist. Wenn nicht, mit 1 Kelle heißem Wasser bzw. Gemüsebrühe aufgießen. (Bitte nie mit kaltem Wasser, davon bekommt eine traditionelle Tajine Risse.)

Ist das Gemüse gar, den Deckel abnehmen und wenn nötig die Flüssigkeit noch etwas einkochen lassen. Sollte das Gericht noch zu dünnflüssig sein, dann verfahren Sie nach der auf Seite 51 beschriebenen Methode.

Vor dem Servieren die Fenchelspitzen und die Kräuter auf der Tajine anrichten. Die Orange waschen und mit der Schale in Achtel schneiden. Die Tajine damit garnieren. So können Ihre Gäste das Gericht selbst mit frisch gepresstem Orangensaft würzen.

So geht's auch: Staudensellerie passt hier sehr gut dazu. Lassen Sie dafür einen Teil des Fenchels weg.

Herbstliche Tajine

Eine wunderbar aromatische, weiche Tajine. Der Duft des Salbeis passt hervorragend zu den Kastanien und dem Kürbis, deren Verdauung er unterstützt. Die Quitten schenken der Tajine einen zitronigen Hauch. Und der Edelkastanienhonig unterstreicht das Gericht mit seinem süßlichen, unverkennbaren Geschmack.

Für 4 Personen

10 frische Salbeiblätter • 1 große rote Zwiebel • 4 Knoblauchzehen •
4 mittelgroße Karotten • 400 g Muskat- oder Butternut-Kürbis •
400 g Süßkartoffeln • 300–400 g Quitten (2–3 kleine, reife Früchte) •
300 g Tomaten • 2 EL Olivenöl • 15 g Butter (oder Smen) • 1 EL Ras el-Hanout (Seite 6) •
1 TL Paprikapulver, edelsüß • ½ TL Quatre-épices • 1 Prise Chilipulver (nach Wahl) •
2 EL Edelkastanienhonig • 1 Tasse heiße Gemüsebrühe (oder Wasser) •
250 g geschälte Esskastanien und ein paar zum Garnieren • 1 große Handvoll Petersilie

Salbeiblätter von den Stielen befreien und grob zerpflücken. Zwiebel in feine Ringe schneiden, Knoblauch hacken. Karotten schälen oder bürsten und zu Stiften schneiden. Kürbis und Süßkartoffeln schälen und in 3 Zentimeter große Würfel schneiden. Die Quitten waschen, vierteln und vom Kerngehäuse befreien, aber nicht schälen, damit sie während des Garens nicht auseinanderfallen. Tomaten häuten (siehe dazu H'miss, Seite 11) und in Würfel schneiden.

Im Gargefäß Zwiebeln und Salbei in Olivenöl und Butter anbraten. Sind die Zwiebeln glasig, Knoblauch und Gewürze dazugeben und 1 Minute mitbraten. Karotten, Quitten und Honig hinzufügen. Umrühren. Die Tomatenstücke auf dem Gericht verteilen, dann Kürbis- und Süßkartoffelwürfel darübergeben. Mit Gemüsebrühe (oder Wasser) aufgießen.

Deckel aufsetzen und nach dem Aufkochen etwa 20 Minuten über kleiner Flamme garen lassen. Sind Gemüse und Quitten noch nicht weich, die Garzeit etwas verlängern. Kastanien dazugeben, abschmecken und nicht mehr allzu viel umrühren, damit das Gemüse nicht zerfällt. Zum Reduzieren der Sauce die Tajine nicht mehr aufkochen, wenn das Gemüse schon weich ist, sondern andicken (siehe Seite 51).

Mit gehackter Petersilie und den restlichen Kastanien garnieren und Fladenbrot dazu auf den Tisch bringen.

TAJINE

mit Süßkartoffeln, Blumenkohl und Pflaumen

Beim Anblick dieses farbenfrohen Gerichts lacht einem das Herz im Leibe ... Außerdem sorgen die Gewürze dafür, dass nach der Zubereitung nicht das ganze Haus nach Blumenkohl riecht.

• • • • • • • •
• • • • • • •

Für 4 Personen

700 g Süßkartoffeln • 1 kleiner Blumenkohl (500 g Röschen) • 1 Zwiebel •
2 Knoblauchzehen • 2 EL Olivenöl • 15 g Butter (oder Smen) • 1 Zimtstange •
1 TL Kreuzkümmelsamen • je 1 TL Paprikapulver, edelsüß und gemahlener Koriander •
je ½ TL Quatre-épices, gemahlene Kurkuma und gemahlener Ingwer •
1 Prise Chilipulver (wahlweise) • 250 ml heiße Gemüsebrühe (oder Wasser) •
12 ganze Pflaumen • 1 Handvoll glatte Petersilie oder Koriandergrün, gehackt •
1 EL Mandel- oder Sesammus (wahlweise)

Süßkartoffeln schälen und in etwa 4 Zentimeter große Würfel schneiden. Blumenkohl in Röschen zerteilen. Zwiebel in Ringe schneiden, Knoblauch hacken. Im Gargefäß Zwiebeln, Knoblauch, Zimtstange und Kreuzkümmelsamen in Olivenöl und Butter anbraten.

Sind die Zwiebeln glasig, die gemahlenen Gewürze dazugeben und 1 Minute mitbraten lassen. Die Süßkartoffeln in die Tajine geben und umrühren. Mit der Gemüsebrühe (oder Wasser) aufgießen. Blumenkohlröschen auf die Süßkartoffeln geben, salzen und Deckel aufsetzen. Zum Kochen bringen, dann auf kleiner Flamme etwa 15 Minuten simmern lassen. Pflaumen hinzufügen. Wenn nicht genügend Flüssigkeit vorhanden ist, etwas heißes Wasser zugießen. Deckel aufsetzen und erneut 15 bis 20 Minuten köcheln lassen.

Am Ende sollte das Gemüse weich sein, aber nicht zerfallen. Ist die Sauce nicht sämig genug, ein paar Löffel von der Kochflüssigkeit abnehmen, mit 1 Esslöffel Mandel- oder Sesammus verrühren (Seite 51) und wieder in den Topf geben. Vorsichtig unterrühren.

Ein paar Minuten andicken lassen, dann mit Petersilie oder Koriandergrün bestreut servieren.

So geht's auch: Ersetzen Sie einen Teil der Süßkartoffeln durch festkochende Kartoffeln oder Hokkaido-Kürbis.